COUR DES PAIRS.

ATTENTAT DES 12 ET 13 MAI 1839.

RÉQUISITOIRE

PRONONCÉ

PAR M. FRANCK CARRÉ,

PROCUREUR GÉNÉRAL DU ROI,

A L'AUDIENCE PUBLIQUE DU VENDREDI 5 JUILLET 1839,

RELATIVEMENT AUX ACCUSÉS

BONNET, BARBÈS, MARTIN BERNARD ET NOUGUÈS.

COUR DES PAIRS.

ATTENTAT DES 12 ET 13 MAI 1839.

RÉQUISITOIRE

PRONONCÉ

PAR M. FRANCK CARRÉ,

PROCUREUR GÉNÉRAL DU ROI,

A L'AUDIENCE PUBLIQUE DU VENDREDI 5 JUILLET 1839,

RELATIVEMENT AUX ACCUSÉS

BONNET, BARBÈS, MARTIN BERNARD ET NOUGUÈS.

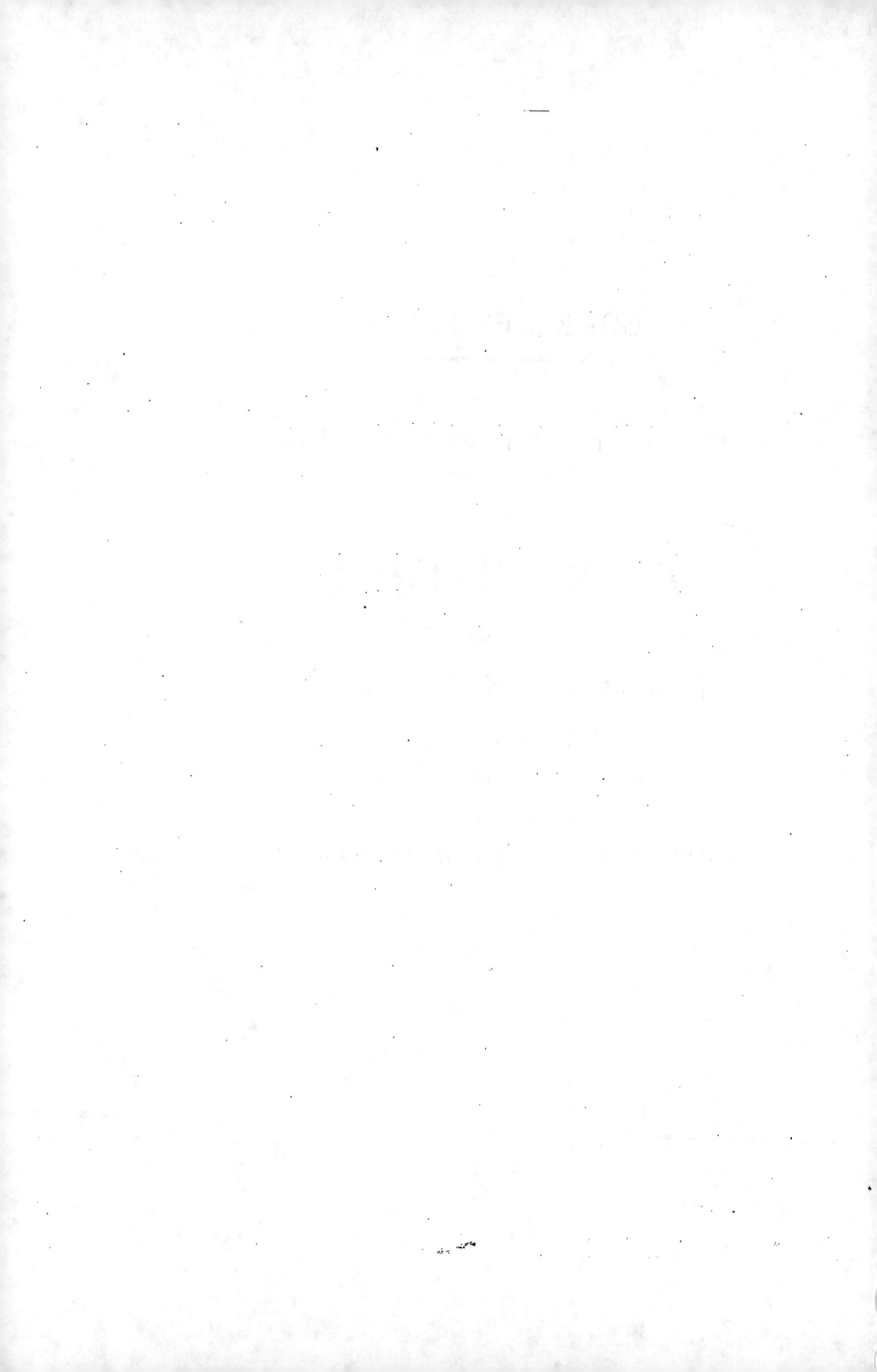

COUR DES PAIRS.

ATTENTAT DES 12 ET 13 MAI 1839.

RÉQUISITOIRE

PRONONCÉ

PAR M. FRANCK CARRÉ,

PROCUREUR GÉNÉRAL DU ROI,

A L'AUDIENCE PUBLIQUE DU VENDREDI 5 JUILLET 1839,

RELATIVEMENT AUX ACCUSÉS

BONNET, BARBÈS, MARTIN BERNARD ET NOUGUÈS.

MESSIEURS LES PAIRS,

S'il est un sentiment qui, à l'époque où nous vivons, soit commun à tous les cœurs honnêtes; s'il est une pensée qui domine avec une force égale tous les esprits éclairés, on peut affirmer que c'est le respect de la légalité et la réprobation de tous les actes par lesquels elle est ouvertement violée; c'est dans la volonté ferme et

1

constante de maintenir, à l'égard de tous, l'empire absolu de la loi, que l'instinct public cherche une sorte de contre-poids à la divergence des opinions et à la mobilité des idées. Au sein même des partis qui se montrent le plus hostiles au Gouvernement établi, il n'est pas d'homme ayant quelque valeur politique qui n'ait compris qu'en essayant de briser le joug des lois, on n'affrontait pas seulement les châtiments qu'elles prononcent, mais qu'on se dévouait encore à subir dans l'opinion publique une condamnation inévitable ; et si l'habileté de quelques-uns s'exerce à ruiner des institutions libérales par l'abus des droits qu'elles assurent et qu'elles protègent, elle affecte du moins d'en respecter les extrêmes limites. A cette condition seulement, un parti, quel qu'il soit, peut conserver encore en France quelque mouvement et quelque vie : il n'en est pas qui ne s'anéantît de lui-même, au moment où il cesserait de se présenter sous l'apparence d'une opinion soutenue et défendue par les voies légales.

D'où vient donc, Messieurs, qu'en dépit de cette disposition générale des esprits, dans laquelle se résument à la fois la pensée du progrès et la volonté de l'ordre, le sentiment de la liberté et le besoin d'une règle, nous puissions être réduits à voir la paix publique soudainement troublée par ces attaques sanglantes qui attestent l'insolent espoir de faire fléchir l'autorité des lois sous la puissance aveugle de la force. Quelles sont donc ces sombres inimitiés qui fermentent dans le sein de la société et se consument en longs efforts pour lui infliger un jour de combat et de deuil? Ce procès les a mises au grand jour : il vous a montré, Messieurs, l'existence d'une secte peu nombreuse, mais ardente et résolue, aux yeux de laquelle

tous les droits établis reposent sur l'injustice et l'usurpation, qui condamne sans réserve les institutions
politiques et civiles, et qui se proclame elle-même en
état de guerre avec tous les pouvoirs légitimes. Brisant
les liens qui les attachent à à la Cité, ces missionnaires
de désordres et d'anarchie s'affranchissent eux-mêmes
de tous les devoirs qui leurs sont imposés envers le
pays, envers leurs concitoyens : les obligations même
qui naissent des relations d'homme à homme ne les
arrêtent point quand il s'agit d'assurer le triomphe de
leurs extravagantes et coupables théories.

Organiser la guerre civile, exciter autour d'eux les
plus violentes et les plus odieuses passions, troubler par
les armes le calme d'une population paisible, jeter dans
les familles le deuil et l'effroi, faire couler en quelques
heures, dans nos rues, plus de sang que les crimes vulgaires n'en répandent en une année dans toute l'étendue
de la France, rien ne leur coûte, rien ne les arrête, rien
n'est capable de désarmer leur fureur. Leur foi suffit à
leurs yeux pour les absoudre, et leur audace pour les
honorer : quand la force publique les aura domptés,
quand la justice leur demandera compte de leurs
crimes, ils n'en dissimuleront ni la pensée, ni le but,
ni l'exécution. S'ils se proclament *non capables* et *non
coupables* de quelque acte odieux, au récit duquel se
révolte avec plus de dégoût la conscience publique,
c'est qu'il y a des excès que ne peut publiquement
accepter aucune impudeur ; mais ils traiteront d'ailleurs
avec le pays de puissance à puissance, et, comme des
soldats vaincus sur un champ de bataille, ils réclameront
les droits de la guerre et les immunités du malheur.

En vérité, Messieurs, quand un magistrat, devant
une cour de justice, entend de pareilles prétentions se

1.

formuler, il se demande comment il est possible qu'elles soient émises de bonne foi, et qu'il se rencontre des hommes qui, après avoir jeté un pareil défi aux lois et au gouvernement de leur pays, qui, après s'être couverts du sang de leur concitoyens, avouent leurs actes sans confesser leur culpabilité, et ne trouvent pas dans leur cœur un sentiment de regret et de repentir. Ils parlent de leur cause comme si elle était légitime, de leurs efforts comme s'ils n'étaient pas criminels, de leurs combats comme s'ils n'étaient pas impies!

Quelle est-elle donc cette cause, Messieurs? Quels sont-ils ces actes dont on a fait ici un aveu qui était presque une apologie? Quelles sont les doctrines qui ont pu produire et qui expliquent de telles choses? C'est là ce qu'il s'agit maintenant de rechercher.

Lorsqu'en 1834 la Cour des Pairs fut saisie de la connaissance des attentats d'avril, lorsqu'à la suite d'une instruction longue et consciencieuse elle put révéler au grand jour l'organisation de la société des Droits de l'Homme, et signaler au pays ses doctrines et son but; lorsqu'il fut devenu certain pour tous que cette association anarchique avait couvert la France d'un vaste réseau, et que partout, à la fois et à heure fixe, elle avait levé l'étendard de la révolte; qui eût pu croire alors en présence de cette loi salutaire qui frappait les associations politiques, en présence de l'arrêt de votre justice qui condamnait les principaux chefs de la plus redoutable de toutes; en présence surtout de la réprobation publique, qui flétrissait si énergiquement les principes et les actes qui avaient ensanglanté les principales villes de France, qui eût pu croire qu'à cet instant-là même, l'indomptable obstination de quelques fanatiques s'occupait activement de la réorganisation d'une société secrète, dans le double but du régicide et de l'insur-rection.

Et cependant, Messieurs, vous le savez, c'est de cette époque que date l'organisation de la *Société des Familles* qui, depuis, a pris le titre de *Société des Saisons* ou *des Printemps*.

Son existence, révélée d'abord par la saisie d'une lettre écrite à l'un des inculpés dans l'attentat d'avril, fut bientôt certifiée par les dernières déclarations du condamné *Pépin*, complice de *Fieschi*. *Pépin* fit connaître qu'il avait été lui-même initié à cette criminelle association, et signala comme l'un des chefs l'accusé *Auguste Blanqui*, auquel il convint avoir confié le secret de l'horrible complot de *Fieschi*. Depuis, vous le savez, Messieurs, chaque jour nous montre les sectionnaires à l'œuvre pour préparer un attentat.

C'est en 1836 la découverte d'une fabrique de poudre pour le compte et sous la direction des chefs de cette société, *Barbès* et *Blanqui ;* c'est, à cette même époque, l'arrestation de ces deux hommes dans le même logement, et la saisie, en leur possession, des listes de la société qu'ils dirigent. C'est, depuis lors, et presque quotidiennement jusqu'au commencement de 1837, de nouvelles saisies d'armes et de munitions, qui attestent l'activité toujours croissante des conspirateurs.

A cette dernière époque, où l'ordonnance d'amnistie vint répondre à une pensée générale de conciliation qui dominait dans le pays, les éternels ennemis de notre repos, invariables dans leur ardente hostilité, mais comprenant toutefois qu'ils étaient réduits à leurs propres forces, et que l'attentat à main armée leur était interdit, organisèrent des presses clandestines, et s'efforcèrent, par des publications nombreuses, de soulever toutes les mauvaises passions. C'est alors qu'on vit apparaître ces pages monstrueuses qui dépassent, par leur violence démagogique, par le cynisme du fond et de la forme, par les furibondes colères dont chaque ligne est empreinte, tout ce que la presse des plus mauvais jours de la Terreur a jamais produit de plus atroce.

On s'est efforcé, Messieurs, dans le cours de ces débats, de répudier la responsabilité de ces écrits; mais il faut cependant que nous vous rappelions deux circonstances dont la gravité ne vous aura pas échappé.

Barbès, au mois de juillet 1835, habitait un logement qu'il quitta peu de temps après, et où une perquisition fit saisir une pièce qui ne lui permet pas assurément de repousser la solidarité des doctrines du *Moniteur de la république*.

Vous le savez, Messieurs, c'est ce mois de juillet 1835 qui a été si douloureusement marqué par le sanglant attentat de *Fieschi*.

Voici, Messieurs, la pièce qui est écrite de la main même de l'accusé *Barbès* :

« Citoyens,

« Le tyran n'est plus : la foudre populaire l'a frappé; exterminons maintenant la tyrannie. Citoyens, le grand jour est levé, le jour de la vengeance, le jour de l'émancipation du peuple. Pour les réaliser, nous n'avons qu'à vouloir; le courage nous manquerait-il ? Aux armes! aux armes! Que tout enfant de la patrie sache qu'aujourd'hui il faut payer sa dette à son pays! »

La foudre populaire! C'est ainsi que cet homme qualifie la machine de l'infâme *Fieschi*.

Vous le comprenez, Messieurs, cette pièce a été écrite avant le crime; et il faut ici rappeler cette déclaration de *Pépin,* que *Blanqui,* l'intime ami de *Barbès,* avait reçu sa confidence. Elle ne pouvait être écrite plus tard, car toute la France savait alors que la Providence avait sauvé les jours du Roi.

Barbès était donc le confident de cet épouvantable complot; et, s'il n'en a pas été le complice, il en a du moins été l'adhérent; il comptait sur le succès de l'attentat pour désigner et frapper de nouvelles victimes. « *Citoyens, le grand jour est levé, le jour de la vengeance !* » Ce mot de vengeance, Messieurs, ce mot odieux, nous le retrouvons dans chacun des écrits de cet accusé.

Certes, Messieurs les Pairs, l'auteur d'une telle pièce, celui qui l'a écrite dans la vue du crime qu'il connaissait à l'avance, est mal fondé à repousser, comme indigne de lui, la responsabilité des prédications sanguinaires du *Moniteur républicain.*

Mais, d'un autre côté, Messieurs, vous savez que, par une sorte d'audacieuse insulte à la justice, un neuvième numéro de ce dégoûtant pamphlet a presque immédiatement suivi la condamnation des huit premiers. Jetons les yeux, Messieurs, sur quelques lignes de cet écrit, et nous verrons que son auteur réclame une part dans les attentats des 12 et 13 mai, dont *Barbès,* de son propre aveu, est l'un des principaux coupables.

12 Juin 1839.

« Il y a un mois à peine nous avons voulu traduire « nos principes en action; l'idée a voulu devenir un « fait; mais, cette fois encore, nous avons échoué; la « royauté enregistre un triomphe de plus; cette fois en- « core nous ne sommes que des anarchistes, de lâches « pillards, des brigands sans foi ni loi.

« Oui, les 12 et 13 mai, quelques-uns des nôtres ont
« été vaincus, mais par le nombre. Que MM. les mo-
« narchistes ne croient pas en avoir fini avec nous ; qu'ils
« ne croient pas que cette tentative soit notre dernier mot !
« Si quelques hommes sont tombés sous leurs balles, nos
« rangs n'en sont pas plus éclaircis pour cela ; au con-
« traire ! »

L'article se termine par un paragraphe qui com-
mence ainsi : « Jetons, en finissant, quelques fleurs sur
« les tombeaux de nos nouveaux martyrs. »

La solidarité, disons mieux, la complicité, elle est
ici avouée ; et, il faut bien le dire, cet aveu est surabon-
dant, car l'identité des moyens et du but, l'égale perversité des uns et des autres, le sang demandé par le
Moniteur républicain, le sang versé par les assassins du
mois de mai, tout annonce, tout prouve qu'il y a là une
seule et même pensée.

Enfin, Messieurs les Pairs, quoi qu'on puisse dire à
cet égard, il faut bien cependant que les chefs de la société des familles acceptent la responsabilité d'une pièce
dont la publication coïncide avec celle du *Moniteur
républicain*, et qui a pour but de faire connaître aux
affiliés la réorganisation de la société même qu'ils dirigent. Nous voulons parler de l'*ordre du jour des pha-
langes démocratiques.*

Ce document, Messieurs, passera sous vos yeux ; vous
y verrez que le comité annonce aux sectionnaires que
les *familles* s'appelleront désormais *peloton, nom plus
clair et plus significatif ;* vous y trouverez l'énuméra-
tion des causes qui, d'après le comité, ont fait échouer
toutes les tentatives révolutionnaires, notamment, « ces
« insurrections *purement défensives* , dans lesquelles
« l'ardeur des soldats de la république s'est inutilement

« consumée, par le défaut d'organisation dans le parti
« républicain, et par le manque de dévouement dans
« les chefs. »

« Un autre effet, ajoute le comité, de ces déplorables
« fautes, c'est que nombre de républicains, voyant
« ainsi les chefs manquer à leur devoir, imaginent à
« plusieurs reprises de se défaire du tyran principal.
« *A part tout ce qu'avaient de louable leurs projets*, il
« n'y avait pas de vrai succès à espérer; car ce n'est
« pas tout de tuer le tyran, il faut encore anéantir la
« tyrannie, et l'on ne pouvait, et l'on ne peut encore
« obtenir ce résultat qu'au moyen de l'union de tous les
« républicains.... Aussi, le comité, touché de l'insuffi-
« sance et du danger des attaques isolées, se réserve-t-il
« expressément la direction des coups que la Société doit
« porter pour obtenir ce double résultat. Aucun section-
« naire ne pourra rien tenter contre la tyrannie et contre
« les tyrans sans son ordre formel. Couper une tête à
« l'Hydre, c'est très-bien, mais ce serait mieux de l'écra-
« ser toute entière. »

Plus loin, le comité s'impose à lui-même le devoir de
provoquer et de saisir le moment propice de l'insurrection : « Nous voulons tous, dit-il, une révolution radi-
cale et sociale.... Le peuple et les travailleurs, produi-
sant tout, ont droit exclusif à tout. »

C'est dans le formulaire annoncé par cet ordre du
jour, et saisi en même temps, que le comité fait prêter
au récipiendaire le serment *d'abattre la tyrannie, et de
contribuer au triomphe de l'égalité des conditions sociales, fondée sur le partage égal de tous les produits
de la terre et de l'industrie;* il lui impose l'obligation
de se procurer des armes, de faire de la propagande

2

écrite et verbale, et de rechercher surtout les liaisons avec l'armée.

Ainsi c'est le comité de la *Société des Familles* qui parle, c'est lui qui décerne ses éloges à toutes les pensées de régicide, et qui n'a de blâme que pour l'isolement dans l'exécution, parce qu'*il ne suffit pas de tuer le tyran, mais qu'il faut abattre la tyrannie*; c'est lui qui se réserve la direction des coups que la Société doit porter pour obtenir ce double résultat, et qui arrête, en conséquence, qu'aucun sectionnaire ne pourra rien tenter contre la tyrannie et contre les tyrans sans son ordre formel; c'est lui enfin, qui, blâmant les insurrections purement défensives, trace ainsi par avance le programme des attentats des 12 et 13 mai dernier.

Depuis cette époque, Messieurs, c'est-à-dire depuis les premiers mois de 1838, nous voyons la *Société des Familles*, dont les rangs se sont grossis par les doubles efforts de la presse clandestine et de la propagande verbale, s'occuper avec une nouvelle activité de la fabrication des munitions de guerre. Plusieurs dépôts de cartouches sont successivement saisis, et les détenteurs font connaître qu'ils ont été affiliés à une société secrète, et qu'on les a mis en rapport avec *Martin Bernard*.

Il est temps, Messieurs, de rappeler ici, en présence surtout des déclarations de l'accusé principal, l'organisation et les doctrines de la *Société des Familles* ou *des Saisons*. C'est le comité de cette association, on vous l'a dit, qui a préparé et décidé l'attaque ; c'est l'association qui, sous ses ordres, a réalisé l'attentat; il importe donc de retracer ici les statuts de cette société, de faire connaître l'organisation dernière qu'elle avait reçue sous le nom de *Saisons*, de montrer, par les pièces qui émanent d'elle-même, quels sont les principes dont elle espérait le succès par la révolte.

La plus petite subdivision de la Société se compose de six hommes et d'un chef qui forment une *Semaine*, dont ce chef est le *Dimanche*. Quatre *Semaines* réunies composent un *Mois*, placé sous la direction d'un chef plus élevé nommé *Juillet*. Trois mois forment une *Saison*, commandée par un chef supérieur nommé *Printemps*; quatre *Saisons* réunies, enfin, forment une *Année* commandée par l'un des chefs suprêmes de l'association, par l'un des membres du comité, sous le nom d'*Agent révolutionnaire*.

Les trois membres du comité ou conseil exécutif, *Barbès, Martin Bernard* et *Blanqui*, étaient connus des sectionnaires, non comme membres du comité, mais comme agents révolutionnaires; et le règlement de la Société portait en effet que le comité restait inconnu, mais qu'au moment du combat, il était tenu de se faire connaître. C'est là, Messieurs, ce qui explique par avance l'une des charges les plus graves que l'instruction ait fait peser sur *Martin Bernard*.

Telle était, Messieurs, l'organisation de la *Société des Saisons* dirigée par *Barbès, Martin Bernard* et *Blanqui*; et, quand nous rappellerons bientôt à la Cour les préparatifs immédiats et la marche de l'insurrection, il deviendra plus évident encore, que, pour arriver à de tels résultats, il ne fallait rien moins que la hiérarchie et la discipline d'une organisation presque militaire et depuis longtemps pratiquée.

Maintenant, Messieurs, les principes et le but de cette association vous sont déjà connus; qu'il nous soit permis toutefois de vous les rappeler en remettant sous vos yeux quelques-uns des passages d'une pièce écrite

2.

tout entière de la main de *Barbès,* et qui n'est autre chose que le formulaire de la réception des membres de la société qu'il dirigeait.

« Le récipiendaire est introduit les yeux bandés.

« Le prés.... au présentateur : Quel est le nom du «nouveau frère que tu nous amènes ?

« Au récipiendaire : Citoyen (le nom), quel est ton «âge, ta profession, le lieu de ta naissance, ton domicile? quels sont tes moyens d'existence?

« As-tu réfléchi sur la démarche que tu fais en ce moment, sur l'engagement que tu viens de contracter ? Sais-tu bien que les traîtres sont frappés de mort?

« Jure donc, citoyen, de ne révéler à personne rien de ce qui se passera dans ce lieu.

« Le prés... fait les questions suivantes : Que penses-tu de la royauté et des rois ?

« Qu'elle est exécrable; que les rois sont aussi funestes pour l'espèce humaine que les tigres pour les autres animaux.

« Quels sont maintenant les aristocrates ?

« L'aristocratie de naissance a été détruite en juillet 1830; maintenant les aristocrates sont les riches, qui constituent une aristocratie aussi dévorante que la première.

« Faut-il se contenter de renverser la royauté?

« Il faut détruire les aristocraties quelconques, les priviléges quelconques ; autrement ce ne serait rien faire.

« Que devons-nous mettre à la place?

« Le gouvernement du peuple par lui-même, c'est-à-dire la république.

« Ceux qui ont des droits sans remplir les devoirs, comme maintenant les aristocrates, font-ils partie du peuple?

« Ils ne devraient point en faire partie; ils sont pour le corps social ce qu'est un cancer pour le corps humain; la première condition du retour du corps à la santé, c'est l'extirpation du cancer : la première condition du retour du corps social à un état juste est l'anéantissement de l'aristocratie.

« Immédiatement après la révolution, le peuple pourra-t-il se gouverner lui-même?

« L'état social étant gangrené, pour passer à un état sain, il faut des remèdes héroïques; le peuple aura besoin, pendant quelque temps, d'un pouvoir révolutionnaire.

« En résumé, quels sont donc tes principes?

« Qu'il faut exterminer la royauté et toutes les aristocraties, substituer à leur place la république, c'est-à-dire le gouvernement de l'égalité; mais, pour passer à ce gouvernement, employer un pouvoir révolutionnaire qui mette le peuple à même d'exercer ses droits.

« Citoyen, les principes que tu viens d'énoncer sont les seuls justes, les seuls qui puissent faire marcher l'humanité vers le but qui lui est fixé; mais leur réalisation n'est pas facile. Nos ennemis sont nombreux et puissants; ils ont à leur disposition toutes les forces sociales : nous, républicains, notre nom même est proscrit; nous n'avons que notre courage et notre bon droit. Réfléchis, il en est temps encore, sur tous les dangers auxquels tu te voues en entrant dans nos rangs. Le sacrifice de la fortune, la perte de la liberté, la mort peut-être, es-tu décidé à les braver?

« Ta réponse nous est la preuve de ton énergie. — Lève-toi, citoyen, et prête le serment suivant :

« Au nom de la république, je jure haine éternelle à tous les rois, à tous les aristocrates, à tous les oppresseurs de l'humanité. Je jure dévouement absolu au peuple, fraternité à tous les hommes, hors les aristocrates; je jure de punir les traîtres; je promets de donner ma vie, de monter même sur l'échafaud, si ce sacrifice est nécessaire pour amener le règne de la souveraineté du peuple et de l'égalité.

« Le prés... lui met un poignard à la main.

« Que je sois puni de la mort des traîtres, que je sois percé de ce poignard si je viole mon serment! Je consens à être traité comme un traître, si je révèle la moindre chose à quelque individu que ce soit, même à mon plus proche parent, s'il n'est point membre de l'association.

« Le prés... : Citoyen, assieds-toi; la Société reçoit ton serment; maintenant tu fais partie de l'association, travaille avec nous à l'affranchissement du peuple. »

« Citoyen, ton nom ne sera point prononcé parmi nous, voici ton numéro d'inscription dans l'atelier. — Tu dois te pourvoir d'armes, de munitions. — Le comité qui dirige la société restera inconnu jusqu'au moment où nous prendrons les armes. — Citoyen, un de tes devoirs est de répandre les principes de l'association. — Si tu connais des citoyens dévoués et discrets, tu dois nous les présenter.

« Le récipiendaire est rendu à la lumière. »

Ainsi, vous le voyez, Messieurs, ce que veulent ces hommes, c'est moins encore une révolution politique, qu'une révolution sociale; on signale la royauté à la

haine, le Roi à la vengeance; on fait appel aux plus
violentes passions pour exterminer ce qu'on nomme les
aristocraties, c'est-à-dire la richesse, sous quelque forme
qu'elle se produise; le gouvernement qu'on veut réaliser,
en définitive, c'est bien la république; mais, avant tout,
*il faut des remèdes héroïques; le peuple a besoin pen-
dant quelque temps d'un pouvoir révolutionnaire.*

Il est donc évident que les moyens qu'on veut employer après le succès de la révolte, c'est la terreur,
par l'assassinat organisé contre ceux qu'on appelle les
aristocrates, *les hommes d'argent, banquiers, four-
nisseurs, monopoleurs, gros propriétaires, agioteurs,
les exploiteurs qui s'engraissent aux dépens du peuple,
les riches,* en un mot, par opposition à ceux qu'on
appelle les prolétaires.

Aussi on a soin de *jurer fraternité à tous les
hommes, hors les aristocrates,* dont on vient de nous
donner une définition qu'on n'accusera pas assurément
d'être restrictive. Le but, c'est d'établir *l'égalité des
conditions sociales, fondée sur le partage égal de tous
les produits de la terre et de l'industrie;* le but, c'est
donc la rapine, le vol organisé comme l'assassinat par
la loi révolutionnaire.

Les réflexions se présentent en foule, Messieurs, à la
lecture d'un tel document; on se demande d'abord si
ceux qui ont rêvé ces odieuses et chimériques utopies
ont été les premières dupes de leur imagination ma-
lade, si c'est là l'œuvre d'une démence furieuse ou d'une
profonde et détestable perversité.

Mais on reconnaît bientôt dans ce programme les
précautions d'un faux langage qui décèle une hypo-
crisie sans exemple. Ainsi, ce n'est pas une profession
de foi libre et spontanée qu'ils demandent à leurs

adeptes, c'est une obéissance passive et une foi aveugle
qu'ils leur imposent; ils dictent, tout ensemble, les
questions et les réponses, et formulent à l'avance
l'adhésion servile qu'ils exigent.

Ces amis de la liberté veulent des remèdes héroïques;
ces républicains incorruptibles aspirent à la dictature :
sous le prétexte menteur de faire cesser dans notre pays,
le plus libre du monde, et sur notre terre d'égalité, ce
qu'ils appellent l'exploitation des classes pauvres, ils
ne veulent que faire peser sur elles le joug humiliant
de leur égoïsme et de leur cupidité. *Le peuple a besoin
pendant quelque temps,* disent-ils, *d'un pouvoir révolutionnaire;* et ils se chargeraient, soyez-en sûrs, de
lui en faire subir les rigueurs.

Il faut le dire, Messieurs les Pairs, quand on voit
que de tels hommes et de telles idées peuvent troubler
et ensanglanter en quelque sorte périodiquement notre
pays; quand la France, cette grande nation, si intelli-
gente, si justement fière d'elle-même, est incessamment
tenue en échec par le fanatisme insensé de quelques
hommes, qui n'entraînent à leur suite que ce qu'il y a
de plus inepte dans l'ignorance, de plus désordonné
dans le vice, de plus implacable dans la cruauté; on
serait pénétré d'une profonde et douloureuse humilia-
tion, si l'on ne se disait, après tout, que le droit et la
puissance réunis ne sont pas toujours une garantie
suffisante contre l'embuscade et le guet-apens.

C'est, Messieurs, cette impossibilité de prévoir ces
soudaines agressions qui a rendu possible et qui vous
explique l'attentat du 12 mai. *Barbès* a pris le soin de
vous le dire, les sectionnaires avaient été convoqués à
heure fixe (deux heures et demie), dans le quartier Saint-
Martin, pour passer une revue des chefs, à qui la pru-

dence avait commandé de laisser ignorer le but réel, le secret de la convocation. Ainsi, jusqu'au moment où le cri : *Aux armes!* proféré par les chefs de l'association, s'est fait entendre, trois personnes seulement, les trois membres du comité, savaient que le Gouvernement et les lois allaient être attaqués à force ouverte.

Ce point, Messieurs, est grave, car il répondait par avance à des insinuations qui ont été faites, mais dont le caractère est si odieusement absurde que nous ne voulons pas même les relever.

Tout avait été préparé pour l'attaque par les meneurs du mouvement : des caisses de cartouches avaient été apportées, depuis deux jours, dans le voisinage du magasin d'armes des frères *Lepage*, qu'on devait piller avec violence pour armer les insurgés ; une caisse renfermant des haches, des pistolets d'arçon et des écharpes rouges, est ouverte par quelques-uns des meneurs, qui distribuent le contenu aux sectaires, et le magasin d'armes est envahi à l'aide d'escalade et d'effraction ; bientôt quelques centaines de fusils et de pistolets, des boîtes de capsules en grand nombre, sont en la possession des révoltés, qui reçoivent de la main des chefs les cartouches qui avaient été apportées par leurs soins.

Nous ne vous retracerons pas, Messieurs, les scènes diverses, nombreuses, mais presque toutes également atroces, dont l'ensemble constitue l'attentat que vous avez à juger : nous suivrons la marche de la révolte, pour suivre avec elle, à sa tête ou dans ses rangs, les accusés dont nous nous sommes chargés de vous présenter la situation judiciaire telle que l'instruction et les débats l'ont établie.

Le premier, non assurément par la gravité de l'ac-

3

cusation et des charges, mais par la date et par l'ordre des faits qui lui sont imputés, c'est l'accusé *Bonnet*. Nous vous rappellerons donc succinctement, Messieurs, les charges qui pèsent sur cet accusé.

Bonnet, Messieurs, est un jeune homme de 28 ans, Suisse d'origine, exerçant à Paris la profession de graveur; il occupait, rue Bourg-l'Abbé, n° 16, un logement en commun avec les nommés *Doy* et *Georges Meillard*, ses compatriotes, tous deux ses coaccusés dans cette affaire.

Au moment où l'insurrection venait d'éclater rue Bourg-l'Abbé, deux hommes descendirent du logement de *Bonnet* une caisse remplie de cartouches, qui fut ouverte par l'un d'eux; les cartouches furent distribuées par l'un de ces deux hommes aux insurgés qui les entouraient. Voilà, Messieurs, le fait saillant à la charge de *Bonnet*, car *Bonnet* et *Georges Meillard* sont les deux hommes qui ont descendu cette malle.

Bonnet prétend, Messieurs, qu'il ignorait ce que renfermait la malle apportée chez lui par les ordres de *Meillard;* mais le contenu de cette malle, de son propre aveu, lui était du moins fort suspect. Toutefois, nous voyons *Bonnet*, lorsque déjà les cris : *Aux armes!* se sont fait entendre, lorsque les insurgés pénètrent, par la violence, dans les magasins d'armes des frères *Lepage*, descendre cette caisse avec *Meillard*, l'un des chefs de l'attentat, et, au dire de l'un des témoins, assister à la distribution que fait cet accusé des cartouches dont la malle était remplie.

Messieurs, ce fait est grave : si *Bonnet* a reçu sciemment dans son domicile les munitions qui devaient, quelques heures plus tard, armer les révoltés; si, au moment de l'insurrection, il les apporte dans la rue pour les remettre aux insurgés, *Bonnet* a pris à l'attentat une part d'autant plus coupable qu'il le connaissait à l'avance, et qu'il en facilitait l'exécution.

L'instruction, Messieurs, a-t-elle établi, sous ce rapport, la culpabilité de *Bonnet*, c'est là ce qu'il vous appartient de décider : nous devons vous rappeler les principales circonstances qui donnent au fait incontestable de la caisse de munitions un caractère bien sérieux de gravité.

Bonnet est intimement lié avec *Meillard* et *Doy*, qui tous deux logeaient avec lui, qui tous deux ont quitté leur domicile depuis le jour de l'insurrection, qui tous deux sont en accusation devant vous.

Meillard, notamment, était l'un des chefs avoués de la *Société des Saisons*, et la proclamation des révoltés, dont nous aurons l'occasion de parler tout à l'heure, le désigne aux sectionnaires comme l'un des commandants de division de l'armée républicaine.

Comment admettre que, dans son intimité avec ces deux hommes, *Bonnet* ait reçu chez lui la caisse de munitions, sans connaître le contenu de cette caisse? Comment l'admettre surtout, quand c'est après les cris : *Aux armes!* au milieu de l'envahissement des magasins de *Lepage* qui s'accomplissait sous ses yeux, que *Bonnet* apporte la caisse avec *Meillard*, l'un des chefs principaux du mouvement insurrectionnel?

Est-ce que l'air, les paroles, les actes de *Meillard*, à cet instant fatal, n'ont pas dû tout apprendre à son ami? Vous apprécierez ces circonstances, Messieurs; nous ajouterons cependant que, dans la nécessité de rendre compte de l'emploi de son temps pendant la journée du 12 mai, *Bonnet* est forcé de reconnaître qu'il s'est successivement trouvé sur plusieurs des

3.

points attaqués par les insurgés au moment de ces attaques. Ainsi, vous l'avez vu, rue Bourg-l'Abbé, jouant un rôle important au moment du pillage des armes; vous le retrouvez rue Saint-Martin, *où le bruit commençait,* dit-il; puis, au marché Saint-Jacques, *où la fusillade s'engageait.* D'un autre côté, le témoin *Lamirault,* le tambour du poste de l'Hôtel de Ville, le reconnaît pour l'avoir vu dans la bande qui s'est emparée de ce poste.

Enfin, le soir, il se retrouve à point nommé pour donner à *Georges Meillard,* blessé dans les barricades, les soins que réclame sa position.

Il vous appartient de décider si toutes ces circonstances ne viennent pas confirmer, comme nous le pensons, les présomptions si graves qui résultent du fait principal rappelé par nous en commençant.

Mais il est temps, Messieurs, d'entrer plus avant dans notre tâche, et d'aborder la partie de cette accusation relative à l'un des deux principaux accusés : à *Barbès,* qui se rattache de toutes parts à l'attentat, et qui semble résumer en lui seul toutes les phases de la révolte.

Nous ne reproduirons pas devant vous le récit exact, que vous a présenté M. le rapporteur, des antécédents judiciaires de cet accusé; nous nous bornerons à rappeler que l'ordonnance d'amnistie a ouvert à *Barbès* les portes de la prison, vous laissant le soin d'apprécier comment il a reconnu cet acte de clémence et de pardon.

Deux chefs d'accusation s'élèvent contre *Armand Barbès :* le premier est le plus grave, c'est l'attentat qui, dans son exécution, comprend le fait de l'assassinat.

Avons-nous besoin, Messieurs, de rappeler ici, sur le premier chef d'accusation, tous les faits établis par l'instruction et les débats, alors que l'accusé a tout avoué devant vous et s'est audacieusement glorifié du crime énorme qu'il a commis ?

Nous le ferons succinctement : mais nous devons le faire, car il importe que nous signalions ici la tactique qui a dicté ce système de défense.

Armand Barbès a refusé toutes réponses dans l'instruction écrite ; aux débats, il refusa de subir l'interrogatoire ; il déclare qu'il était l'un des principaux chefs de la *Société des Saisons,* qu'il avait préparé l'attentat, qu'il a convoqué les sectionnaires sous le prétexte d'une revue, mais en réalité pour l'exécution du crime ; qu'il a donné le signal du combat, distribué les munitions, excité au pillage des armes ; qu'il s'est mis à la tête d'une bande, qu'il a tiré sur les troupes, et qu'il n'a quitté les barricades qu'à la suite des blessures qu'il avait reçues ; puis il proteste qu'il n'a point assassiné le lieutenant *Drouineau : il n'est ni capable ni coupable d'un tel crime,* vous dit-il ; mais il refuse de s'expliquer à cet égard, et déclare qu'il ne veut point se défendre.

Messieurs, votre conviction sur la culpabilité de *Barbès,* comme auteur de l'attentat, n'avait assurément pas besoin de cet aveu pour s'établir et se fonder. *Barbès,* c'est lui qui, deux jours avant le crime, fait apporter chez la dame *Roux* les cartouches qu'il distribuera, le 12 mai, aux insurgés ; c'est lui qui convoque les sectionnaires ; et le billet saisi sur le cadavre de *Maréchal* en est la preuve positive ; c'est lui qui, après le pillage des armes, prend le commandement des insurgés, et le témoin *Cahez* le voit à la tête de la bande,

un fusil de chasse à la main, criant : *Aux armes !
vive la république !* prenant la direction de la Cité et
se rendant au Palais de Justice. L'instruction le retrouve au marché Saint-Jean, et *Nouguès,* à cette
audience même, où il recule devant ses déclarations
relatives à *Martin Bernard,* persiste à dire qu'il a vu
Barbès au marché Saint-Jean : vous savez, Messieurs,
que les derniers efforts de la révolte se sont con-
centrés rue Grenétat; *Barbès* était là encore, et il est
arrivé blessé, la bouche et la main noircies par la
poudre.

Ainsi, la preuve était acquise contre cet accusé,
et nous ne devons rien à ses aveux. Mais *Barbès,*
feignant de se méprendre sur la véritable gravité de
son crime, s'efforce, par ses aveux sur l'attentat, de
donner du poids et de l'autorité à ses dénégations
sur l'assassinat, sans paraître comprendre que son silence calculé, que ses refus de répondre à la justice,
qu'il qualifie de refus de défense, viennent, au contraire, donner une importance nouvelle aux charges
déjà si graves de l'accusation.

Est-ce donc sérieusement, Messieurs, qu'en refusant
toute réponse à la justice, qu'en se dispensant pruden-
ment de toute explication demandée, on vient vous dire
qu'on dédaigne de se défendre, alors cependant qu'on
se présente assisté de deux défenseurs, dont on ne
contestera point assurément et le zèle et l'habileté?

Non, *Barbès,* vous ne refusez pas de vous défendre,
et, en cela, vous avez raison; mais, si vous refusez
habilement les réponses qui pourraient vous embar-
rasser; si vous n'acceptez pas une discussion qui
pourrait vous convaincre, ne nous donnez pas, du

moins, cette prudente tactique pour la résignation du martyr.

Vous êtes un vaincu, traduit, dites-vous, devant ses ennemis politiques.

Ainsi, en présence même de la justice, vous êtes encore en insurrection contre les lois : vos paroles ne sont que la conséquence des crimes qui vous sont imputés ; il n'y a pas de malfaiteur qui, chaque jour, ne puisse tenir un tel langage devant les tribunaux du pays, car il n'y a pas de crime qui ne soit une révolte contre les lois.

Sous les yeux de vos juges, vous vous posez en prisonnier de guerre ; et de quelle guerre, nous vous le demandons ? Sont-ce des ennemis, ces malheureux soldats confiants au milieu de leurs concitoyens, qu'ils sont chargés de protéger et de défendre ? Sont-ce des ennemis, ces gardes nationaux qui se dévouent à la paix publique ? Egorger subitement les uns, abattre les autres à l'improviste et lâchement, à la faveur d'une embuscade, vous osez appeler cela guerre ! Mais c'est déshonorer la guerre que d'en souiller ainsi le nom, en en décorant le plus odieux, le plus infâme des guets-apens !

Vous vous appelez soldat du peuple ! Mais quoi ! ces industriels que vous pillez et dont vous troublez et vous ruinez le commerce ; ces soldats, enfants du peuple, ces citoyens, armés pour l'ordre public, sur lesquels vous faites feu au milieu des rues, et que vous égorgez en pleine paix, sous les yeux et au milieu de leurs familles, n'est-ce donc pas là le peuple ? N'y a-t-il de peuple pour vous que les malfaiteurs de toute nature, qui, soit paresse, soit stupide et aveugle entraînement, soit perversité, refusent de parvenir par

les voies ouvertes à tous les citoyens, et veulent acqué-
rir tout, et tout à coup, par le vol et la violence ? Malfaiteurs effrontés, dont le mobile est une avide et noire envie,
dont le but est le pouvoir et la fortune, dont les moyens
sont la révolte, le pillage et l'assassinat ! Ah ! Messieurs, si la loi nous a donné l'austère mission de pour-
suivre le crime, et d'en demander la répression ; si,
dans l'accomplissement de cette pénible tâche, nous
éprouvons souvent le besoin de tempérer et d'adoucir
notre indignation par la pitié, ce n'est pas lorsque le
crime se pose audacieusement devant nous; ce n'est pas
lorsqu'il s'aggrave lui-même, par une théorie perverse
et absurde; ce n'est pas lorsque, cherchant sa justifica-
tion dans son principe, il insulte fièrement à la civilisation et aux lumières, par les maximes de la barbarie !
Vous livrez, dites-vous, votre tête, comme le sauvage
à ses ennemis ! Oui, vous vous rendez justice; vous
prenez le rang qui vous appartient; vous vous placez
comme il convient, en dehors de la civilisation et de
toutes les relations sociales ; mais n'oubliez pas cependant que vous êtes ici en présence de la plus haute justice du pays, et que votre exaltation sauvage et vos
crimes barbares seront jugés selon les lois sociales et
humaines.

Messieurs, si le sentiment de la défense personnelle
ne nous avait pas expliqué les paroles de *Barbès*, nous
en serions réduits à chercher encore et leur sens et
leur portée. Par quel inconcevable égarement d'esprit,
par quelle étrange illusion, celui qui se proclame le
principal auteur de l'attentat, celui qui déclare l'avoir
préparé, organisé, exécuté, celui qui se place de
lui-même à la tête des bandes d'insurgés, qui se vante
d'avoir fait le coup de feu contre la troupe, recule-t-il

devant la responsabilité d'un acte isolé, qui, quelque odieux qu'il puisse être, n'a rien de plus grave assurément que les scènes nombreuses et diverses du crime dont il n'est qu'un épisode?

Comment! vous avez tout préparé, tout organisé, tout exécuté, et vous croyez avoir moins fait par là qu'en commettant vous-même un meurtre? — Savez-vous bien que vingt militaires ont été tués; que soixante autres soldats ont été plus ou moins blessés par vos ordres? Vous auriez, dites-vous, donné à *Drouineau* sa part de champ et de soleil? Mais, si les débats nous permettaient de vous accorder que vous n'êtes pas le meurtrier de *Drouineau*, est-ce que nous ne serions pas encore en droit de vous dire que vous commandiez à cette attaque, que le feu a été dirigé par vos ordres? et nous demanderions alors au chef comment il entend repousser la responsabilité de l'acte qu'il a ordonné.

Mais, en vérité, Messieurs, à qui prétend-on en imposer par de telles protestations? Qui donc voudra croire que le rassemblement armé qui se dirige, sous les ordres de *Barbès,* vers le poste du Palais de Justice, qui charge les armes avant d'aborder les militaires (deux témoins le déclarent), qui donc voudra croire que ce rassemblement s'approche avec des intentions pacifiques? Est-ce que les paroles adressées par le chef de la bande au chef du poste : *Vos armes ou la mort!* n'impliquaient pas nécessairement la sanction sanglante qui les a suivies? Est-ce que cette odieuse exécution n'est pas la plus complète démonstration de la préméditation qui l'a précédée? Comment donc le chef de cette bande d'insurgés, comment celui qui a prononcé les paroles menaçantes si promptement et si cruellement réalisées, vient-il essayer de rejeter sur ses agents la res-

4

ponsabilité qui lui appartient? Est-ce qu'il oublie, lui qui se vante en quelque sorte d'avoir pris part aux scènes principales de l'attentat, qu'elles ont présenté partout le même caractère, le caractère odieux du guet-apens et de l'assassinat? Qu'est-ce donc que cette atroce exécution du marché Saint-Jean, où sept militaires sans défense sont égorgés par une bande de furieux? où l'un de ces militaires, qui respirait encore, reçoit à terre un coup de hache qui lui ouvre le crâne? où un autre, qui avait eu l'insigne bonheur d'échapper à ce massacre général, reçoit plusieurs coups de fusil par derrière, après avoir été désarmé, et au moment où il veut se réfugier dans le corps de garde?

Disons-le donc, Messieurs, avant d'aborder la discussion relative à l'imputation directe d'assassinat, en développant cette partie de l'accusation, nous ne prétendons rien ajouter à la culpabilité de *Barbès.* C'est, en effet, l'attentat qui est le crime principal de cet accusé; c'est le succès de cet attentat qu'il voulait avant tout, et c'est la préoccupation exclusive de ce but qui a étouffé en lui tout sentiment moral, fait taire le cri de la conscience, et légitimé pour lui tous les moyens. Toutefois il importe de constater les résultats acquis par l'instruction.

Et d'abord, *Barbès* n'était-il pas le chef qui commandait et dirigeait le rassemblement qui s'est porté vers le poste du Palais de Justice? A cet égard, le doute n'est pas même possible; les témoins ont tracé l'itinéraire suivi par cette bande, à la tête de laquelle le témoin *Cahez* a vu *Barbès;* il a donné de cet accusé le signalement le plus positif, et, dans l'instruction comme aux débats, il l'a reconnu sans hésitation. Cette

bande, qui suivait alors la rue des Arcis, se dirigeait
vers la Cité, par conséquent vers le marché aux
Fleurs.

Cependant, Messieurs, nous nous attendons à une
objection qu'il importe d'écarter dès à présent. *Barbès,*
au moment de son arrestation, le 12 mai, vers huit
heures du soir, était coiffé d'un chapeau de paille, et
l'homme qui commandait le rassemblement du Palais
de Justice avait un chapeau noir. Nous allons prouver
que *Barbès,* au commencement de l'insurrection, était
coiffé d'un chapeau noir.

Rappelons-nous, Messieurs, la déposition si précise
du témoin *Bertrand.* Ce témoin est le propriétaire de la
maison dans laquelle habite la dame *Roux,* rue Quin-
campoix, n° 23. Vous savez que *Barbès,* et il conve-
nait de ce fait, avait fait apporter, le 9 mai, une malle
de cartouches chez cette dame, dans la vue de l'insurrection du dimanche. Eh bien ! le témoin *Bertrand*
déclare qu'immédiatement après le pillage des magasins *Lepage,* une bande d'insurgés, tous armés de
fusils, se dirigea vers la rue qu'il habite. A la tête de
cette bande d'insurgés était un jeune homme de vingt-
huit à trente ans, de grande taille, ayant des favoris
bruns, avec barbe entière sous le menton et des moustaches ; il était vêtu d'une redingote de couleur foncée,
et coiffé d'un chapeau noir. Sa figure est longue, dit le
témoin avant la confrontation ; son nez est droit et al-
longé ; son corps est mince. Je le reconnaîtrais bien
s'il m'était représenté. Il fit faire halte à la porte du témoin, qui est aussi celle de la dame *Roux,* en disant :
« C'est là. » Puis il monta l'escalier avec douze ou quinze
individus, fit enfoncer la porte de l'appartement oc-
cupé par la dame *Roux,* et descendre la malle, qui fut

4.

ouverte sous la porte cochère où se distribuèrent les cartouches.

Nous le demandons, Messieurs, était-il nécessaire que le témoin *Bertrand* reconnût positivement *Barbès* pour que nous fussions assurés qu'il ne pouvait parler d'un autre que de lui ? Qui donc avait fait apporter la malle dans cette maison ? *Barbès* n'était-il pas le seul qui pût conduire chez la dame *Roux*, et n'est-ce pas lui, de toute nécessité, qui a fait faire halte à ses hommes en leur disant : « C'est là ! » puisque lui seul savait en effet que c'était là ? Eh bien, le témoin *Bertrand* déclare que *Barbès* était coiffé d'un chapeau noir, et son témoignage est positivement confirmé par le témoin *Cahez*.

Si l'on nous demande comment nous expliquons ce changement de coiffure, nous répondrons d'abord qu'il est certain, et que cela devrait suffire ; nous dirons ensuite qu'il s'explique naturellement par un fait matériel. *Barbès*, dans la soirée, a été blessé à la tête : il déclare lui-même qu'il est tombé à la renverse et qu'il est demeuré quelque temps sans connaissance. Comment donc s'étonner que son chapeau ait été changé ; qu'il l'ait perdu dans une telle circonstance, et qu'il en ait reçu un autre de l'un de ses camarades ? Cette objection détruite, et le fait du changement de chapeau constaté, rappelons-nous la scène du Palais de Justice telle que l'ont décrite les nombreux témoins qui en ont eu le douloureux spectacle.

Vous le savez, Messieurs, la bande d'insurgés, en quittant le pont Notre-Dame, suivait la rue du quai aux Fleurs du côté opposé à la rivière ; le chef était à sa tête, un fusil à deux coups à la main. Le poste était sous les armes, en dehors du corps de garde ; le chef des insurgés s'approche de l'officier et lui dit : « Rendez-

« vous ou la mort; tous les postes sont à nous. » — Sur la réponse négative de ce brave et malheureux militaire, tous les témoins s'accordent à dire que le chef, qui s'était adressé au lieutenant, lui tira un premier coup de fusil qui ne l'atteignit point, parce que l'officier releva le fusil avec son sabre, mais qu'aussitôt ce même homme se recula de quelques pas, et d'un second coup l'étendit roide mort. Au même instant les insurgés firent feu sur le poste, et dix militaires tués ou blessés furent renversés par cette décharge. Résumons, Messieurs, car le point en discussion est grave, résumons les dépositions des témoins.

Les militaires qui composaient le poste du Palais de Justice et qui ont échappé au massacre, ont été tous entendus comme témoins, au nombre de huit. Tous affirment que c'est le chef des factieux qui s'est adressé à l'officier, et qui, sur son refus de rendre les armes, lui a tiré deux coups de fusil à bout portant. Voilà, Messieurs, un fait certain, incontestablement établi par l'instruction et les débats : c'est le chef des insurgés qui a personnellement à se reprocher la mort de *Drouineau.* Si nous rappelons maintenant qu'*Armand Barbès* était le chef de cette bande, vous comprenez, Messieurs, quelle est la redoutable conclusion qui résulte de ce rapprochement.

Mais ce n'est pas tout; et les faits qu'il nous reste à rappeler donnent à cette conclusion une force invincible.

Et d'abord, un fait saillant, c'est l'unanimité des témoignages et leur parfaite identité sur les caractères extérieurs, sur le signalement général de l'homme qui commandait le rassemblement.

Cet homme était grand, mince, vêtu d'une redingote courte de couleur foncée ; il avait des favoris , des moustaches et une longue barbe ; il était coiffé d'un chapeau noir ; il portait à la main un fusil à deux coups.

Ainsi , dès l'abord , nous constatons que ce signalement s'applique exactement à *Barbès;* et , en même temps, s'évanouissent les difficultés qui paraissaient résulter de l'incertitude de quelques témoins qui semblaient hésiter entre *Barbès* et *Delsade.*

Ce n'est pas seulement , Messieurs , parce que la qualité de chef appartient certainement à *Barbès,* et non à *Delsade ,* mais c'est encore parce qu'il est prouvé que *Delsade* était vêtu, le 12 mai, d'une blouse bleue, et coiffé d'une casquette : toute confusion disparaît donc , puisque l'unanimité des témoins signale pour vêtement une redingote courte boutonnée jusqu'en haut, et pour coiffure un chapeau noir.

Puisque nous parlons de cette confusion , qui n'a d'ailleurs été que passagère , il est essentiel que nous rappelions certaines circonstances qui nous paraissent avoir une réelle importance.

Lorsque *Delsade* a été représenté aux témoins , qui n'ont jamais affirmé le reconnaître , mais qui lui ont trouvé beaucoup de ressemblance avec l'assassin de leur officier, *Delsade* était couché. Ainsi les différences de costumes, les différences de taille, les différences d'ensemble avaient disparu , et il ne restait que l'aspect de la physionomie, qui, il faut bien le dire, présente des analogies frappantes avec la figure de *Barbès.*

Mais , Messieurs , lorsque ces deux accusés ont été représentés ensemble aux témoins , les dissemblances sont devenues saillantes, et vous avez entendu un témoin, le soldat *Gervaisy,* vous dire, en parlant de *Delsade :* « J'avais vu à la Conciergerie un homme qui res-

«semble beaucoup à l'assassin de *Drouineau*; mais ce
«ne peut pas être lui, car cet homme est vêtu d'une
« blouse, et l'assassin portait une redingote.»

Un autre soldat, *Paulin* (Victor), qui croit être sûr
que *Barbès* est l'assassin, ajoute qu'il n'avait pas la
barbe si noire que *Delsade*.

Un autre enfin, qui n'a jamais hésité dans la reconnaissance qu'il a faite de *Barbès*, a répondu en voyant
Delsade : «Cet homme a la figure étroite comme celui
« qui était le chef de la bande qui a assailli le poste,
« mais il est moins grand, et je ne pourrais dire s'il
« en faisait partie. »

Mais il faut maintenant aborder les déclarations des
témoins qui achèvent et complètent la démonstration
de la culpabilité de *Barbès*.

Quatorze témoins qui ont assisté à la scène douloureuse du Palais de Justice ont été entendus à cette audience. L'un, le sieur *Gros*, n'a pas été témoin du col-
loque entre l'officier et le chef des insurgés : il faut
donc écarter son témoignage.

Un autre, le docteur *Levraud*, déclare qu'il ne peut
reconnaître personne : sa déposition reste donc sans intérêt.

Un troisième, le sieur *Vaillant*, a vu l'un des insurgés faire feu sur l'officier; ce n'était pas le chef de
la bande.

Nous ne répondrons pas à cette déposition en lui op-
posant tous les autres témoignages; nous nous bornerons à faire remarquer que le procès-verbal qui a constaté la mort du lieutenant *Drouineau* établit que cet
officier a reçu deux coups de feu. Il est donc certain que
le chef n'a pas tiré seul, et la déposition du sieur *Vaillant* n'établit pas autre chose.

Un quatrième témoin, le soldat *Lacquit,* ne sait qu'une chose, c'est que le chef de la bande, qui a tué son lieutenant, était grand, d'une taille élancée, qu'il avait des moustaches et une forte barbe; il croit pouvoir affirmer qu'il a vu *Delsade* dans la bande, mais il n'a pas assez regardé le chef pour le reconnaître.

Maintenant, Messieurs, six témoins, tous militaires, ayant fait partie du poste attaqué, les nommés *Gervaisy, Paulin, Bataille, Welghe, Huignard et Grosmann,* qui affirment unanimement que le chef des insurgés est l'assassin du lieutenant, déclarent en même temps qu'ils croient reconnaître *Barbès.* Sur cette reconnaissance ils sont tous plus ou moins affirmatifs, mais ils n'hésitent pas sur le premier point: c'est bien le chef de la bande qui a tiré deux coups sur l'officier; le second seul a porté.

Restent quatre témoins, tous quatre affirmatifs, mais dont les dépositions, toutefois, doivent être rappelées successivement.

Deux d'entre eux, les sieurs *Mesnage* et *Meunier,* ont fait, dans l'instruction et à l'audience, la déclaration la plus positive; ils n'éprouvent aucun doute; ils sont sûrs de reconnaître dans *Barbès* le chef qui commandait la bande d'insurgés, et qui a adressé la parole à l'officier *Drouineau.* L'un d'eux, le sieur *Mesnage,* avait éprouvé, lors de sa première confrontation avec *Barbès,* une vive et profonde émotion que le juge a cru devoir constater, et il a dit alors : « C'est bien là l'homme qui est entré en pourparlers avec l'officier; c'est un devoir pour moi, malgré la peine que j'éprouve, de le déclarer, et ce n'est que parce que j'y suis forcé par ma conviction que je fais une pareille déposition. »

Rapprochez, Messieurs, ces deux témoignages si

graves, si formels, des six dépositions que nous avons relevées, et qui ne sont pas moins affirmatives, sur cet autre point, que c'est le chef de la bande qui a tué l'officier, après lui avoir demandé de rendre ses armes, et vous aurez la démonstration la plus claire, la plus complète de la culpabilité de *Barbès*.

Restent cependant deux témoins : l'un est le caporal *Conte*, qui n'hésite sur aucun point : il a tout vu, et il affirme non-seulement que c'est le chef de la bande qui est le meurtrier de *Drouineau*, mais que ce chef est *Barbès*.

L'autre, Messieurs, c'est le jeune *Marjolin*, cet enfant dont la défense a réclamé le témoignage; vous vous rappelez qu'il reconnaît *Delsade* et *Barbès*, mais qu'il distingue et qu'il déclare que celui qui a tué l'officier avait une redingote, et qu'il était plus grand que l'autre.

Tels sont les résultats de l'instruction et des débats : nous avons le droit de dire qu'ils sont concluants, décisifs, et que *Barbès* est convaincu du fait qu'il repousse et dont il dénie la responsabilité, comme il l'est de sa participation à l'attentat.

Et ici, qu'il nous soit permis de redire que, si nous avons mis tant d'insistance sur cette partie de la discussion, ce n'est pas assurément qu'à nos yeux elle soit nécessaire pour établir la culpabilité de *Barbès*, qui résulte avant tout de sa participation comme chef à l'attentat du 12 mai. Qu'importerait, en effet, Messieurs, en morale comme en justice, qu'il soit l'auteur personnel de l'assassinat, ou que ce crime ait été commis par ses ordres, sous sa direction, sous ses yeux, et qu'il en soit ainsi le complice? Il est certain que, dans

5

tous les cas, le sang versé, non-seulement au Palais de
Justice, mais partout où il a dirigé sa bande, appelle
sur sa tête la plus juste comme la plus redoutable responsabilité.

Faut-il maintenant discuter les témoignages qu'on
a fait entendre à décharge?

Parlerons-nous des témoins appelés pour constater
qu'une trentaine de sergents de ville en uniforme,
accompagnés de quelques inspecteurs de police en bour-
geois, sont sortis armés de la Préfecture de police, après
l'attaque du Palais de Justice? Quel intérêt a ce fait
dans l'accusation qui nous occupe, et comment quali-
fier les insinuations auxquelles il a donné lieu? Ce qui
résulte de cette partie du débat, complétement étran-
gère aux faits de l'accusation, c'est qu'en effet, après
l'attaque de la Préfecture de police, conséquemment
après l'attaque du Palais de Justice, des officiers de
paix sortirent revêtus de leurs insignes, avec leurs bri-
gades armées, pour explorer les environs de ces deux
établissements; qu'ils n'ont pas dépassé le quai de l'Hor-
loge, qu'ils n'ont pas tiré un coup de fusil, et qu'ils
ont rapporté à la Préfecture six fusils de chasse aban-
donnés par les insurgés.

Que dire aussi, Messieurs, de ces dépositions faites
avec une si remarquable identité, pour vous raconter
que le dimanche soir, vers neuf heures, dans un groupe
qui stationnait auprès de la rue des Lombards, un inconnu se vanta d'avoir tiré sur l'officier *Drouineau?*

Admettons le fait, que prouverait-il? Que signifie
ce dire d'un inconnu? Quel degré de confiance mérite-
t-il? Est-ce que *Barbès* est le seul, d'ailleurs, qui ait

tiré sur *Drouineau?* Est-ce que nous ne savons pas que deux balles ont atteint cet officier? Est-ce que la bande toute entière n'a pas fait feu sur le poste?

Mais d'un autre côté, Messieurs, le fait en lui-même est-il croyable? Comment! c'est dans un groupe où se trouvent du moins des inconnus, en pleine rue, quand l'insurrection est partout étouffée, qu'un homme désarmé viendra, sans motifs, s'imputer un fait odieux? s'exposer gratuitement à être arrêté, poursuivi pour un tel propos! Le fait est incroyable, et il nous est bien permis de nous étonner aussi que les témoins qui l'auraient entendu ne l'aient trouvé assez grave pour en parler à la justice qu'au moment de vos débats!

Nous en avons assez dit, Messieurs, sur ces dépositions à décharge reçues dans l'intérêt de *Barbès*. Nous abordons immédiatement l'accusation relative à *Martin Bernard.*

Messieurs, si *Barbès* est l'homme d'action de la *Société des Printemps, Martin Bernard,* non moins audacieux que lui dans l'exécution, est, par-dessus tous autres, le recruteur obstiné des sociétés secrètes. Intelligent, actif, habile plus que tout autre, il exerce sur une partie de la classe ouvrière l'influence la plus coupable et la plus dangereuse. Nous ne craignons pas d'affirmer que l'organisation ténébreuse de cette bande redoutable est due principalement à cet accusé; nous ajoutons, avec l'appui de l'instruction, que la déplorable ardeur et le fanatisme entêté de *Martin Bernard* sont tels que, dans l'intervalle qui s'est écoulé entre les événements du 12 mai et son arrestation, il s'est efforcé, tout en se dérobant aux recherches de la justice, de remplir les cadres de l'association qu'il dirige, et de préparer les éléments d'un nouvel attentat.

5.

Mais n'anticipons pas, Messieurs, sur les charges que nous devons développer devant vous.

Martin Bernard a refusé toutes reponses dans l'instruction et à l'audience, et vous avez apprécié la prudente habileté de cette réserve. Comment, en effet, pouvait-il, à côté de ceux qu'il a entraînés dans l'attentat et qu'il a placés sur le banc des accusés, à côté de *Barbès*, membre comme lui du comité, et qui avoue sa participation à l'attentat, en prenant sur lui la responsabilité des actes de ceux-là qu'il a entraînés à sa suite; comment pouvait-il nier une culpabilité certaine, notoire, pour nous servir de l'expression de *Nouguès?* Cela était impossible, Messieurs, et *Martin Bernard* a pris le parti de ne pas répondre, mais il a chargé deux avocats de le défendre.

Nous avons parlé de *Nouguès;* rappelons les charges que ses déclarations ont fait peser sur *Martin Bernard.*

Nouguès est l'ami intime de *Martin Bernard*, et cette intimité, Messieurs, est poussée si loin, que *Nouguès,* qui n'appartenait pas, dit-il, à la *Société des Saisons,* recevait cependant les plus graves confidences de *Martin Bernard,* et a su par lui le jour et l'heure de l'insurrection.

Nouguès ne dissimule pas ses opinions républicaines; il ne recule devant aucun de ses actes; il s'attribue, sans forfanterie, mais, au contraire, avec le sentiment du repentir, la part de culpabilité qui lui appartient.

Nouguès n'est donc pas un révélateur intéressé; il n'entend même rien révéler; mais, forcé par l'évidence des faits de confesser sa propre culpabilité, il se croit placé sous l'empire de la même nécessité quand il s'agit de son ami, de *Martin Bernard*, dont, à ses yeux, la participation directe à l'attentat présente un caractère si complet de certitude et de notoriété qu'une dénégation est impossible. Ce qu'il déclare, il ne l'a pas entendu dire, il le sait parce qu'il l'a vu; il l'a vu parce qu'il a suivi partout *Martin Bernard* et *Barbès*. Rappelons ici, Messieurs, cette partie si grave des déclarations de *Nouguès*.

« *D.* Vous étiez lié avec deux des principaux chefs de ces sociétés?

« *R.* Lesquels?

« *D.* Blanqui et *Martin Bernard?*

« *R.* J'ai vu *Blanqui* une fois, en 1836, sans le connaître, et une seconde fois dans ces affaires. Je l'ai vu rue Bourg-l'Abbé, et sur différents autres points, mais je n'ai pas eu occasion de lui adresser la parole.

« *D.* Blanqui était cependant l'un des chefs de l'insurrection?

« *R.* Oui, Monsieur, il paraissait être l'un des chefs les plus influents. Quant à *Martin Bernard*, je le connaissais personnellement. »

Plus loin *Nouguès* vient de dire où il a vu *Blanqui;* M. le chancelier lui demande :

« *D.* Et *Martin Bernard,* où l'avez-vous vu?

« *R.* Je l'ai vu presque dans tout le courant de la marche, presque partout.

« *D.* Il était chef?

« *R.* Oui, Monsieur.

« *D.* Était-il rue Bourg-l'Abbé?

« *R.* Oui, Monsieur.

« *D.* Était-il au marché Saint-Jean?

« *R.* Je ne me souviens pas de l'y avoir vu, mais je crois bien qu'il y était.

« *D.* Est-ce lui qui a distribué des cartouches rue Bourg-l'Abbé?

« *R.* Personne ne s'était chargé spécialement de cette mission-là; j'ai vu des caisses ouvertes sur la voie publique, chacun en prenait, personne n'en distribuait.

« *D.* Vous avez-vu *Barbès* aussi?

« *R.* Oui, Monsieur ; je le connaissais par ses précédents jugements, mais je ne le connaissais pas de vue; on me l'a fait voir.

« *D.* Où l'avez-vous vu?

« *R.* Partout : il était constamment à la tête du rassemblement dont je faisais partie.

« *D.* Était-il au marché Saint-Jean?

« *R.* Oui, Monsieur.

« *D.* Vous n'avez pas pu ignorer que *Barbès, Blanqui* et *Martin Bernard* faisaient partie du comité exécutif de l'association?

« *R.* Je sais seulement que, rue Bourg-l'Abbé, plusieurs individus se sont approchés de *Martin Bernard* (*Blanqui* et *Barbès* n'étaient pas près de lui en ce moment), et ont demandé qu'on nommât le conseil dont il avait été question. *Martin Bernard* a répondu : « Il n'y « a pas de conseil; le conseil, c'est nous. »

Enfin, Messieurs, on demande à quel endroit il s'est séparé de *Martin Bernard;* il répond :

« Je ne l'ai pas revu depuis le moment où nous avons évacué la barricade de la rue Grenétat; il était six heures, six heures et demie environ; c'est à ce moment-là même que je me suis séparé des insurgés. »

Nous le demandons, est-il possible de trouver une déclaration plus positive, plus précise, qui présente avec plus d'évidence les caractères de la sincérité?

Plus tard, lorsqu'on demandera de nouvelles indications à *Nouguès,* il les refusera catégoriquement : « Je ne suis pas un dénonciateur, dira-t-il. Si j'ai parlé de ce qui concerne *Barbès, Martin Bernard* et *Blanqui,* c'est parce que cela est de notoriété publique. »

Cependant, Messieurs, à cette audience et par un sentiment que vous avez tous compris, *Nouguès* persiste dans ses déclarations relatives à *Barbès* et à *Blanqui,* parce que *Barbès* avoue les faits et que *Blanqui* est en fuite; mais il se rétracte à l'égard de *Martin Bernard,* qui s'est renfermé devant vous dans un silence complet; examinons le mérite de ces rétractations tardives.

Nouguès vous a dit : « Quand j'ai fait ces déclarations dans l'instruction, je croyais *Martin Bernard* mort, je le supposais tué dans l'insurection. »

Nouguès ne s'aperçoit pas que cette étrange explication serait, au besoin, la preuve de la vérité des déclarations même qu'il essaye de rétracter. Pourquoi donc, en effet, supposait-il que *Martin Bernard* avait été tué dans la révolte, s'il ne savait pas qu'il y avait pris une part coupable?

Mais cela n'est pas possible; c'est le 6 juin seulement, près d'un mois après l'attentat, que *Nouguès* a été arrêté, et lui, l'ami intime de *Martin Bernard,* lui, l'un des plus ardents champions de la révolte, lui, le confident obligé de toutes ces trames coupables, il aurait ignoré que *Martin Bernard* se cachait; qu'il était recherché par la justice! Non, Messieurs, encore une fois, cela n'est pas possible. Et, lorsque *Nouguès* a parlé devant M. le Chancelier, dans ses interrogatoires des 7 et 8 juin, non-seulement il a dit vrai sur les faits dont il rendait compte; mais il a dit vrai aussi sur les motifs de sa sincérité; c'est l'évidence des faits qui ne lui a pas permis de les nier. Que signifierait en effet cette conduite de *Nouguès*? Comment! il dira vrai quand il accuse *Barbès* et *Blanqui*, et il mentira pour charger *Martin Bernard*, son camarade, son ami! Mais dans quel but? Pour quel motif inculperait-il si gravement un innocent, qui n'aurait eu d'autre tort que d'être son ami? Sa défense personnelle n'y est en aucune façon intéressée; il faut donc le reconnaître, la déclaration de *Nouguès* est inattaquable; elle présente, au plus haut degré, tous les caractères de la vérité.

La défense l'a bien senti, et elle a essayé d'établir que *Nouguès* avait parlé de faits dont il n'avait pas une connaissance personnelle, mais qui lui avaient été seulement racontés.

Mais, en supposant qu'on puisse équivoquer sur une seule circonstance, toutes les autres parties de la déclaration répondent victorieusement à cette interprétation.

La circonstance sur laquelle la défense a incidenté est celle-ci :

M. le chancelier s'adresse à *Nouguès*, et lui dit : « Vous n'avez pu ignorer que *Barbès, Blanqui* et *Martin Bernard*, faisaient partie du comité exécutif de « l'association ?

Nouguès répond :

« Je sais seulement que, rue Bourg-l'Abbé, plu-
« sieurs individus se sont approchés de *Martin Bernard*
« (*Blanqui* et *Barbès* n'étaient pas près de lui en ce
« moment), et ont demandé qu'on nommât le conseil
« dont il avait été question. *Martin Bernard* a répondu :
« Il n'y a pas de conseil; le conseil, c'est nous. »

Pour apprécier sainement cette réponse, il faut se
reporter, Messieurs, à celles qui précèdent, qui l'expliquent.

M. le chancelier demande d'abord à *Nouguès :* «Et
« *Martin-Bernard*, où l'avez-vous vu?

« *R.* Je l'ai vu presque dans tout le courant de la
« marche, presque partout.

« *D.* Il était chef?

« *R.* Oui, Monsieur.

« *D.* Était-il rue Bourg-l'Abbé?

« *R.* Oui, Monsieur. »

N'est-il pas évident, Messieurs, que *Nouguès* parle de
ce qu'il a vu? La scène dont il rend compte s'est passée
rue Bourg-l'Abbé; eh bien, il déclare d'abord qu'il se
trouvait en cet endroit, qu'il y a vu *Martin Bernard;*
n'en résulte-t-il pas clairement qu'il a vu aussi la scène
dont il parle un peu plus tard?

Remarquons, en outre, la parenthèse que place *Nou-*
guès dans cette réponse, dont les termes paraissent prêter à une équivoque : (*Blanqui* et *Barbès* n'étaient pas
près de lui en ce moment). Il y était donc, lui *Nouguès*,
pour le savoir, pour avoir fait cette remarque?

Cela nous paraît clair, Messieurs; mais qu'importe

6

d'ailleurs? Nous concéderons ce point, si l'on veut : resteront du moins toutes les autres déclarations de *Nouguès*, qui affirment la participation directe de *Martin Bernard* à toutes les scènes de l'attentat ; et ici il faudra bien reconnaître que *Nouguès* parle de ce qu'il dit avoir vu.

Il faut maintenant entretenir la Cour d'un fait grave, qui se rattache aux circonstances générales de l'attentat, et qui élève une charge de plus contre *Barbès* et *Martin Bernard.*

Vous savez, Messieurs, qu'une proclamation avait été préparée par le comité de la *Société des Saisons* pour le jour de l'insurrection. Un exemplaire imprimé de cette pièce a été trouvé dans le magasin des frères *Lepage ;* ce document est grave ; nous devons le reproduire en entier.

« Aux armes, citoyens!

« L'heure fatale a sonné pour les oppresseurs.

« Le lâche tyran des Tuileries se rit de la faim qui déchire les entrailles du peuple ; mais la mesure de ses crimes est comblée. Ils vont enfin recevoir leur châtiment.

« La France trahie, le sang de nos frères égorgés, crie vers vous, et demande vengeance ; qu'elle soit terrible, car elle a trop tardé. Périsse enfin l'exploitation, et que l'égalité s'asseye triomphante sur les débris confondus de la royauté et de l'aristocratie !

« Le gouvernement provisoire a choisi des chefs militaires pour diriger le combat ; ces chefs sortent de vos rangs ; suivez-les : ils vous mèneront à la victoire.

« Sont nommés :

« *Auguste Blanqui,* commandant en chef ; *Barbès,*

Martin Bernard, *Quignot*, *Meillard*, *Nétré*, commandants de division de l'armée républicaine.

« Peuple, lève-toi! et tes ennemis disparaîtront comme la poussière devant l'ouragan. Frappe, extermine sans pitié les vils satellites, complices volontaires de la tyrannie; mais tends la main à ces soldats sortis de ton sein, et qui ne tourneront point contre toi des armes parricides.

« *En avant! Vive la République!*

« *Les membres du gouvernement provisoire,*

« BARBÈS, VOYER D'ARGENSON, AUGUSTE BLANQUI, LAMENNAIS, MARTIN BERNARD, DUBOSC, LAPONNERAYE. »

Une observation doit ici trouver sa place; elle résulte des signatures apposées au bas de cette pièce comme celles des membres du gouvernement provisoire.

Les chefs, les seuls et véritables chefs de l'odieux attentat dont nous demandons justice, ont bien compris que leurs noms inconnus n'avaient aucune puissance; et, par un infâme mensonge, trompant leurs adeptes eux-mêmes, ils cherchaient pour leur criminelle entreprise un appui qu'elle n'avait point, dans l'adhésion supposée de quelques personnages politiques.

Les signatures qui terminent la proclamation n'ont donc, Messieurs, d'importance que parce qu'elles constituent, de la part des accusés principaux, l'aveu de leur propre impuissance; mais il y a dans cette pièce d'autres noms dont la présence y est bien grave.

« Le gouvernement provisoire a choisi des chefs militaires pour diriger le combat; ces chefs sortent de vos rangs; suivez-les : ils vous mèneront à la victoire.

6.

« Sont nommés :

« *Auguste Blanqui*, commandant en chef;

« *Barbès, Martin Bernard, Quignot, Meillard, Nétré*, commandants des divisions de l'armée républicaine. »

Vous le voyez, Messieurs, l'intérêt qui a dicté la fable du gouvernement provisoire, et le mensonge des signatures qui terminent la pièce, étaient précisément de donner du crédit et de l'autorité aux nominations militaires; c'était en quelque sorte le brevet que les commandants de la révolte se donnaient à eux-mêmes sous des noms supposés. Ces nominations ont donc une réelle gravité; elles seraient au besoin à elles seules la plus grave présomption, sinon la preuve de la participation à l'attentat, des hommes que l'on désignait aux insurgés comme *leurs chefs militaires*, qu'on *leur recommandait de suivre au combat*, qui *devaient les mener à la victoire*.

Barbès et *Martin Bernard* sont nommés commandants de division de l'armée républicaine. *Barbès*, vous savez s'il a justifié cette nomination; nous vous demanderons maintenant si la nomination de *Martin Bernard* ne vient pas donner aux déclarations de *Nouguès* une confirmation éclatante ?

Nous en avons assez dit sur ce point, Messieurs, et nous nous occupons immédiatement d'une pièce dont la gravité est immense contre l'accusé *Martin Bernard.*

Nous l'avons dit, Messieurs, cet accusé, l'un des trois membres du comité de la *Société des Saisons*, était plus spécialement chargé, en raison de ses relations avec la classe ouvrière, de l'embauchage et du recrutement de la société. Vous savez que *Martin Bernard* n'a été arrêté que le 21 juin. Eh bien, on a trouvé sur lui une pièce écrite en entier de sa main (il l'a reconnue même à cette audience), qui n'est autre chose que le formulaire de la réception des membres de la *Société des Saisons.*

Mais ce formulaire est bien grave, car il a été modifié par *Martin Bernard* en raison de l'attentat même que vous avez à juger, et il prouve tout à la fois la participation de l'accusé à ce crime et ses efforts pour en préparer un nouveau.

La pièce tout entière passera sous vos yeux, Messieurs; mais il importe que nous rappelions en ce moment quelques-uns de ses termes :

«Le récipiendaire est introduit, etc. . . . .

«Sais-tu qui nous sommes et ce que nous voulons? Nous allons te le dire en peu de mots :

« Apôtres infatigables de l'égalité, nous nous sommes associés dans le but de faire triompher cette sainte cause les armes à la main. Forts de notre bon droit, rien ne pourra nous rebuter et nous décourager dans l'accomplissement de cette tâche glorieuse. Nous avons juré haine à mort à la royauté et à l'aristocratie qui opprime la France; nous ne te parlons pas des douleurs du peuple; tu les connais et tu les sens aussi bien que nous.

« Te sens-tu le courage de partager nos dangers? Es-tu prêt comme nous à faire le sacrifice de ta vie et de ta liberté lorsque l'heure du combat aura sonné? Réfléchis bien, avant de te lier à nous par un serment, à l'immensité de notre entreprise. Nous avons affaire à forte partie. Nos ennemis sont puissants : ils ont une armée,

des trésors. Nous autres, prolétaires, nous sommes
pauvres et sans appui. Nous n'avons pour nous que la
justice et la sainteté de notre cause. Peut-être sommes-
nous destinés à succomber encore une fois et à aller
rejoindre dans la tombe ou dans les cachots de Philippe
les martyrs du 12 mai. Tu n'hésites pas parle sans
crainte?

« Lève-toi : Voici le serment que tu vas prêter :
« Je jure d'obéir aux lois de l'association.
« Je jure de prendre les armes au signal de nos chefs
et de combattre avec eux jusqu'à la mort.

«Que ton sang retombe sur ta tête si tu trahis tes
serments! Nous te proclamons membre de l'association.»

Tout est dit sur *Martin Bernard*, Messieurs; sa
culpabilité, au premier chef, est établie sans réplique;
il n'est pas seulement le complice des crimes que vous
avez à juger, il en est l'un des auteurs principaux;
comme *Barbès*, il encourt moralement et légalement
la responsabilité du sang versé.

Il nous reste, Messieurs, à vous parler de *Nouguès*;
mais ses aveux complets nous dispensent de toute ar-
gumentation sérieuse.

Vous vous rappelez, Messieurs, la lettre de cet accusé adressée à la demoiselle Reine Morel; elle forme
en dehors de ses aveux une première preuve irréfraga-
ble; il nous suffira de la lire :

«13 mai.

«Ma chère Reine,

«Jusqu'à présent il ne m'est rien arrivé... Nous avons
«combattu toute la journée d'hier, mais nous espérons

« recommencer ce soir.... Prie pour moi, et si j'échappe,
« tu seras ma femme; au revoir, je t'embrasse mille fois.

« Ton mari. »

Vous savez aussi, Messieurs, que, chez un fille Daniel,
maîtresse de *Nouguès*, on a saisi deux fusils qu'il avait
cachés dans une paillasse; l'un de ces fusils provient
des magasins de *Lepage*. *Nouguès* convient de ces faits.

D'un autre côté, nous devons rappeler ici qu'on a
saisi, au domicile de cet accusé, un formulaire imprimé
de la *Société des Saisons*; et que cette pièce a été im-
primée avec des caractères semblables à ceux qui ont
servi pour l'impression de la proclamation insurrec-
tionnelle. *Nouguès* et son ami *Martin Bernard* sont
tous deux compositeurs d'imprimerie. Enfin, Messieurs,
nous vous prierons de vous rappeler les aveux de *Nouguès*. Vous le verrez au point de départ de la révolte,
rue Bourg-l'Abbé; vous le trouverez à ces principales
scènes, hormis le Palais de Justice, parce qu'il faisait
partie d'une bande peu nombreuse, qui était chargée de
protéger cette attaque en maintenant le poste du Châte-
let. Vous le verrez enfin, rue Grenétat, où il rapporte
que *Meillard* a été blessé à la jambe, circonstance remarquable, car elle a été depuis prouvée; et il déclare
lui-même qu'il n'a quitté ce dernier théâtre de la révolte qu'en même temps que *Martin Bernard*, au moment de la déroute des insurgés.

Nous avons terminé notre tâche, Messieurs; nous
avons présenté les caractères généraux du crime que
vous êtes appelés à juger, et le résumé des charges que
les débats ont fait peser sur quelques uns des accusés.

Permettez-nous, toutefois, de vous soumettre quelques réflexions qui nous sont dictées par notre cons-

cience, et par l'importance et la gravité de notre
mission.

Messieurs, on va vous parler sans doute, au nom de
la défense, du caractère politique des crimes qui vous
sont déférés; et, à ce titre, on prétendra se faire un
droit de votre indulgence. Sur ce point, nous vous devons notre pensée tout entière.

L'indulgence pour le crime politique, la loi nouvelle
l'a consacrée dans de justes limites; elle est dans les mo-
difications qu'a subies le Code pénal en 1832, et dont
le bénéfice a déjà profité à tant de coupables. Ce n'est
pas ici que nous avons besoin de dire qu'il y aurait pé-
ril à faire plus que la loi; mais nous dirons à la défense : Vous ne voulez pas que les crimes de la pensée
puissent jamais être frappés du dernier supplice; vous
rappelez de sanglantes exécutions qui, dans d'autres
temps, ont été le résultat de complots, c'est-à-dire de
résolutions d'agir concertées et arrêtées, mais non encore réalisées. Eh bien! ce que vous ne voulez pas, la
loi ne le veut plus aujourd'hui, et cette loi, les partis la
doivent à ce gouvernement qu'ils attaquent avec tant
de violence. Mais ici, n'abusons pas des termes, et ne
confondons pas et les faits et les principes.

Eh quoi! vous recrutez et vous embrigadez des sectaires, vous les convoquez à heure fixe, vous leur donnez le signal du pillage et du meurtre, vous les armez
par des vols commis à l'aide de violences et d'effraction dans des maisons habitées; puis, par d'odieux guet-
apens, vous égorgez des citoyens, des officiers, des soldats sans défense, et vous prétendez vous absoudre par
cela seul que ces exécrables forfaits auront été précédés
d'un complot politique! Par une déplorable fantaisie de
votre imagination vous nous présentez insolemment

ce complot comme l'excuse de tous les crimes qui l'ont suivi!

Non, Messieurs les Pairs, nous sommes les premiers à applaudir à cette douceur de nos mœurs actuelles, qui permet du moins, si elle ne réclame une certaine modération dans la peine quand le crime est purement politique. Mais nous repoussons avec indignation ces exécrables doctrines, qui n'iraient à rien moins qu'à nier audacieusement les principes éternels de la morale.

C'est en vérité une bien étrange et bien audacieuse prétention que celle de de ces hommes qui se persuadent, sans doute, qu'il suffit d'appeler vertu ce qui est crime, pour donner au mal les caractères et l'apparence du bien; que des rebelles, par cela seul qu'ils se proclament les ennemis du Gouvernement et de la société, puissent se justifier par leur crime, et s'arroger le titre de grands citoyens.

Comme si tous les forfaits n'avaient pas le caractère d'une attaque contre les lois sociales; comme si ce n'était pas précisément à ce titre qu'ils sont justement frappés de la réprobation publique! Vouloir les légitimer par leur principe même, prétendre les absoudre par la circonstance qui les aggrave, c'est opposer à la conscience du genre humain qu'on insulte les sophismes d'une altière mais repoussante immoralité.

Quels sont donc, Messieurs, ces hommes qui, après avoir prémédité et exécuté les plus grands crimes, n'ont d'autre défense à produire que la glorification même de leurs forfaits? Est-ce qu'on peut, est-ce qu'on doit leur accorder qu'ils se rattachent à une opinion politique? Ah! Messieurs, pour l'honneur de la raison humaine nous ne l'admettons point. Il n'y a pas en France; il n'y a pas au monde d'opinion sérieuse qui ne repousse

7

avec un juste mépris les absurdes et sanglantes utopies
qu'on nous présente comme un système politique. Il n'y
a pas d'opinion qui, prenant pour point de départ le
meurtre et le vol, les prennent aussi pour but et veuille
le pouvoir pour organiser la rapine et l'assassinat. A
quel parti, à quelle faction rattacherez-vous donc ceux
qui, dans une langue barbare et sauvage, disent au
peuple : « Point de pitié, mets nus tes bras, qu'ils s'en-
« foncent dans les entrailles de tes bourreaux !! ... »
ceux qui s'écrient que « les aristocrates sont les riches
« et qu'il faut exterminer toutes les aristocraties, »
ceux qui veulent « l'égalité des conditions sociales fon-
« dée sur le partage égal de tous les produits de la terre
« et de l'industrie. »

Ne confondons point, Messieurs, le brigandage,
même lorsqu'il s'exerce par bandes organisées, avec les
partis politiques ; restituons à chaque chose son véritable caractère, et ne donnons point un démenti à la
conscience publique.

Et maintenant, Messieurs, est-ce pour les hommes
qu'on viendra vous demander indulgence ? mais, est-ce
qu'indépendamment de leur participation individuelle
aux scènes horribles des 12 et 13 mai, *Barbès* et *Martin
Bernard* ne sont pas responsables, par complicité directe, de tout le sang qui s'est versé ? Qui donc a sou-
levé ces bandes d'assassins ? qui les a instruites et dis-
ciplinées au meurtre ? qui marchait à leur tête et les
entraînait par la contagion du crime ? Messieurs, jamais
attentat plus odieux ne fut commis ; jamais culpabilité
principale ne fut mieux établie. L'indulgence pour
Barbès, pour l'homme qui, en 1835, adhérait au
crime de *Fieschi* par une proclamation sanguinaire !
pour celui qui, le 12 mai, s'écriait : « Que la ven-

geance soit terrible, car elle a trop tardé! Peuple, frappe, extermine sans pitié les vils satellites, complices volontaires de la tyrannie, » et qui, en effet, entrait, par un odieux assassinat, dans cette route sanglante qu'il désignait à ses séides! Cette indulgence, elle lui a été accordée tout entière quand l'ordonnance d'amnistie vint lui ouvrir les portes de sa prison : aujourd'hui il n'a droit qu'à la justice.

L'indulgence pour *Martin Bernard!* pour celui dont l'active turbulence, dont le propagandisme obstiné a recruté principalement cette association ténébreuse, qui ne devait se manifester au grand jour que par ses attentats !

L'indulgence pour cet homme qui, au moment où la justice le décrétait d'accusation, semblait avoir redoublé de criminelle énergie pour fomenter de nouveaux désordres et préparer de nouvelles et sanglantes catastrophes! Non, non, il faut enfin que le jour de la réparation arrive ; et c'est au nom de la société tout entière, justement alarmée, que nous demandons le châtiment des coupables. C'est à votre arrêt, Messieurs les Pairs, qu'il appartient de rendre au pays cette sécurité dont il a besoin, et que peuvent seuls maintenir le courage et la fermeté des magistrats.

www.ingramcontent.com/pod-product-compliance
Lightning Source LLC
LaVergne TN
LVHW020048090426
835510LV00040B/1469